素敵にアレンジ
マスキングテープをもっと楽しむ本

新版

とってもかわいくて便利なマスキングテープ。
すっかり身近な存在になりました。

この本では、マスキングテープを持っているけれど、
いまいちかわいく使いこなせていない……
そんな悩みを持つ人に、新しい使い方を提案します。

ちぎって、きって、はって。
さっそく今日から新たな楽しみを見つけましょう。

本書の見方

※本書は2013年発行の『素敵にアレンジ マスキングテープをもっと楽しむ本』の新版です。

1 タイトルとレベル

タイトルには、マスキングテープを使って雑貨を作るときのコツや要点などをまとめています。レベルは★1つから★5つまでの5段階。★が少ないほど簡単です。

2 材料と用具

この一覧にしたがって材料と用具を揃えます。紙類やコラージュ素材などは、好みによって手持ちのものに変更してもよいでしょう。

3 作品の説明

作品の全体の特長や、作るときに気をつけておきたいこと、実際に使うときのコツなどを写真とともに説明しています。

4 マーカーライン

作品を作るときにとりわけ重要な部分に引いてあります。

5 ＋1 Advice

作品作りで覚えておくと便利な部分や、少しテクニックが必要な部分に関して詳しく説明しています。他の作品作りに応用できるものもあります。

Masking Tape List

この本の作り方ページで使用している
マスキングテープをご紹介します。

caution！

- この本で使用しているマスキングテープは全てカモ井加工紙株式会社のものです。問い合わせ先は巻末をご参照ください。
- 掲載しているマスキングテープは2013年発行の『素敵にアレンジ マスキングテープをもっと楽しむ本』編集時のものです。現在は取り扱いがない場合があります。
- この本ではマスキングテープの太さを「15mm幅＝普通幅」「30mm幅＝太幅」「6〜7mm幅＝細幅」として紹介しています。材料欄では、太幅は（太）、細幅は（細）と記載しています。
- 作品を作る際、特に「ちぎって使う」という指定がない限り、マスキングテープはカッターまたははさみで切って使用します。

普通幅（15mm幅） ◎マークのついている色には細幅（7mm幅）もあります。

太幅（30mm幅）

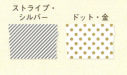

その他（モチーフプリントなど・幅はさまざま）

細幅（6mm幅）

mt wrap（Sサイズ・120mm×5m）

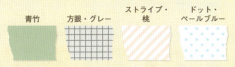

CONTENTS

Chapter 1
ステーショナリー

- point 1 単語帳とマスキングテープでストックできる ミニメッセージカード …06
- 2 スタンプをマスキングテープの上に押して 簡単ラベルに …08
- 3 個性的なマスキングテープを主役にしたメモ帳 …10
- 4 マスキングテープをノートの背に使って 製本テープ風に …12
- 5 mt wrapを使って作る簡単ウォールポケット …14
- 6 チケットでコラージュした ちょっと渋めなカードケース …16
- 7 何度も貼ってはがせるおしゃれなTO DOリスト …18
- 8 マスキングテープのコラージュで シンプルなペンをリメイク …20
- 9 旅に出たくなるマスキングテープの 旅行かばん風ブックカバー …22
- 10 ちょっと小粋な欧文ブックマークを マスキングテープで手作り …24

Chapter 2
ラッピング&ギフト

- point 11 マスキングテープを貼った レースペーパーつきギフトバッグ …28
- 12 OPP袋とマスキングテープで かわいいプチギフトに …30
- 13 マスキングテープで作るギフトリボン① …32
- 14 マスキングテープで作るギフトリボン② …34
- 15 マスキングテープで作るギフトリボン③ …36
- 16 3本のマスキングテープとレースで作る ピアス台紙 …38
- 17 マスキングテープで アンティークテイストの糸巻きを作る …40
- 18 マスキングテープのストライプがかわいい 簡単ペーパーバッグ …42
- 19 色塗り感覚で作るおうち型のミニ封筒 …44
- 20 手作りの金封に マスキングテープのポイントをあしらって …46
- 21 マスキングテープでおめかしした ケーキ型ギフトボックス …48
- 22 エアメール風に マスキングテープでアレンジしたぽち袋 …50
- 23 マスキングテープで想いを伝える メッセージフラワー …52
- 24 カメオのような丸い花モチーフを マスキングテープで手作り …54

Chapter 3
パーティー&イベント

- point 25 テーブルが華やかになる マスキングテープ使いのミニピック&紙コップ …58
- 26 セットで使いたいマスキングテープ使いの ランチョンマット&はし袋 …60
- 27 マスキングテープで彩ったキュートな紙皿 …62
- 28 マスキングテープで作るカラフルなフラッグが パーティーの盛り上げ役に …64
- 29 マスキングテープを生かした ドロップ型のモビールでかわいく飾りつけ …66
- 30 ちょっぴり変装気分を楽しめる マスキングテープのカラフルメガネ …68
- 31 クリスマスが待ち遠しい マスキングテープ使いのアドベントカレンダー …70

Chapter 4
トラベル&レター

- point 32 マスキングテープとコラージュで作る 旅の思い出帖 …74
- 33 マスキングテープとブラッズ使いの 手軽なアルバム …76
- 34 フェミニンなマスキングテープの額に、 旅の思い出を閉じ込めて …78
- 35 マスキングテープの縁どりが効いた 手作りの切手帳 …80
- 36 マスキングテープをひもでちぎって封筒の開封に …82
- 37 マスキングテープが効いた コラージュ感覚のレターセット …84
- 38 サプライズが詰まった ろうそくのバースデーカード …86
- 39 マスキングテープの柄を生かしたバッグ型の メッセージカード …88
- 40 四つ葉のクローバーが飛び出す 楽しいメッセージカード …90

本書の見方 …02
Masking Tape List …03
コラージュ素材集 …26、56、72
実物大の図案 …92

Chapter 1
ステーショナリー

ノートやメモ帳、ペンにブックカバーなど……
マスキングテープで彩られたかわいい雑貨が集まりました。
こんなステーショナリーがあれば、
毎日のデスクまわりがもっと楽しくなりそう。
この章では、そんなマスキングテープを活用した
ステーショナリー雑貨をご紹介します。

単語帳とマスキングテープで
ストックできるミニメッセージカード

市販の単語帳を使って
簡単でかわいいミニカードを作ってみましょう。
作り方はマスキングテープを単語帳の片面に貼るだけ。
さまざまな色や柄のアクセントの効いたかわいいカードは
ストックしておいて眺めるだけでも、とても楽しい気分に。

材料と用具

- *a* マスキングテープ（好みの柄）
- *b* 単語帳
- *c* 飾り糸
- *d* カッター、カッティングマット、ペン

使うときはカードリングを開き、1枚ずつ取り外して。マスキングテープの色に合わせてグラデーションに並べておくと見た目にも鮮やか。

1
カードリングからカードを取り外し、穴の部分は避けて全体にマスキングテープを貼ります。端はカッターで切ります。これを数枚作ります。

2
できあがったカードはグラデーションに並べ替え、再度カードリングに通します。

3
カードを使うときは裏側にメッセージを書き入れて。穴の部分には飾り糸を通し、プレゼントなどにつけて渡しても素敵です。

Advice

柄のあるマスキングテープは、1本めと2本めのマスキングテープのマスキングテープの柄を合わせます。1.5cm幅のマスキングテープを使うときは、3cm幅の単語帳を使うと上下を切り落とす必要がなく、便利です。

スタンプをマスキングテープの上に押して簡単ラベルに

丸いシルエットがユニークなメモ帳は、
表紙をマスキングテープと外国の古いチラシ、古切手でコラージュ。
マスキングテープの上にスタンプを押すことで
手作りラベルを貼ったような仕上がりを楽しめます。
上部にはブラッズを通して全体をまとめます。

材料と用具

- a　マスキングテープ（ドット・薄藤、銀鼠、青竹（細）、蕨（細））
- b　模様入りの紙、レースペーパー、コースター
- c　外国の古いチラシ
- d　色画用紙（白）
- e　ブラッズ（割りピン）
- f　古切手
- g　スタンプ
- h　カッティングマット、定規、はさみ、のり、コンパス、目打ち、スタンプパッド

丸いシルエットのメモ帳だから、内側の紙にはレースペーパーなども挟むとかわいい。使うときは1枚ずつちぎって取り出して。

1
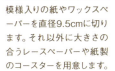

模様入りの紙やワックスペーパーを直径9.5cmに切ります。それ以外に大きさの合うレースペーパーや紙製のコースターを用意します。

2

色画用紙と外国の古いチラシを直径9.5cmに切ります。チラシは上部をちぎり、色画用紙の上に貼って厚みを出します。ちぎった部分にマスキングテープ（銀鼠）を貼ります。残りのマスキングテープと古切手でコラージュします。

3

1で切った紙類をまとめて重ね、目打ちで穴を開けます。

4

2で作った表紙にも穴を開け、全体にブラッズを通して足を割ります。スタンプでマスキングテープの上に「MEMO」と押し、乾かします。

+1 Advice

マスキングテープに押したスタンプの、インクがはみ出したところは水をつけた綿棒で拭き取るときれいに取れます。押した直後に拭き取るのがおすすめ。

point 3　Level ★★★☆☆

個性的なマスキングテープを主役にしたメモ帳

お気に入りの紙だけを集めて作った正方形のメモ帳は
1枚ずつきれいに切り取れる、パッド状のタイプ。
表紙の部分には透明なプラ板を使って、市販品のような丈夫さと
使いやすさをプラスしました。
上部に使った地図柄の
マスキングテープがアクセントに。

材料と用具

- a　マスキングテープ（地図、金）
- b　プラ板（表紙用）
- c　薄手の紙（本文用）
- d　レース、リボン
- e　カッター、カッティングマット、定規、のり、両面テープ、クリップ

内側の紙にはいろんな柄の紙を使って。次はどんな柄の紙が出てくるか、切り取るのが楽しみになりそう。大きさを変えて何冊か作っておいても便利です。

1 薄手の紙数枚を縦8cm×横8cmに切ります。サイドをクリップで止め、一辺にのりを数回塗ってなじませ、乾かします。

2 プラ板を縦8cm×横8cmに切り、1に重ねます。1でのりを塗った部分をくるむようにマスキングテープを貼ります。ここで使うマスキングテープの色は紙の色に合わせましょう。

3 メモ帳の上部に合わせて、地図柄のマスキングテープを貼ります。

4 地図柄のマスキングテープの下部に合わせて、両面テープでレースを貼ります。リボンを蝶結びし、上部の中央に貼ります。

Advice

紙とプラ板を、金のマスキングテープで先にまとめておくことで、その後の作業がやりやすくなります。地図柄のマスキングテープは飾りとして。

マスキングテープをノートの背に使って
製本テープ風に

厚手の紙を半分に折って作る、横長のロマンチックなノートです。
背にマスキングテープを貼ることで製本されたような雰囲気に。
表紙には楽譜プリントの紙を貼って
落ち着いた印象に仕上げます。
紙端をあぶってアンティーク感を出すのもポイント。

材料と用具

- a マスキングテープ（ドット・金（太））
- b ケント紙（表紙用）
- c 薄手の紙（本文用）
- d 花柄のクロモスシート
- e レース
- f 楽譜プリントの紙
- g 飾り糸
- h ラベル
- i カッター、カッティングマット、定規、のり、両面テープ、二穴パンチ、ライター

ノートの中面には、お気に入りの紙を横長に切ったものを挟んで。穴を開けて糸を通すタイプのノートだから、取り外したり紙を追加することもできます。

1

ケント紙を縦8cm×横31cmに切り、半分に折ります。薄手の紙数枚を縦7cm×横15cmに切ります。

2

ケント紙にマスキングテープを貼ります。このとき、ケント紙の折り目がちょうどマスキングテープの真ん中に来るようにして、縦に貼ります。

3

ケント紙の右側に、紙端をあぶった楽譜プリントの紙を貼り、右端は裏側に折り込みます。その上にラベルとクロモスシートでコラージュします。マスキングテープの端に合わせて両面テープでレースを貼ります。

4

ケント紙を半分に折った状態で、二穴パンチで穴を開けます。薄手の紙も数枚を重ねて二穴パンチで穴を開けます。薄手の紙をケント紙の内側に挟んで飾り糸を通し、表で蝶結びします。

 Advice

紙にアンティーク感を出したいときは「あぶる」テクニックがおすすめ。紙端にライターで火をつけ、適当なところで火を消して冷ますと、経年劣化で少し傷んだような味のある仕上がりに。必ず水のあるところで行いましょう。

Level ★★☆☆☆

mt wrapを使って作る簡単ウォールポケット

「mt wrap」はワックスペーパーのような手触りで、
両サイドに粘着面がついている面白い紙。
半分に折るだけで
簡単にポケット状の雑貨が作れます。
この便利なmt wrapを使って
ウォールポケットを作ってみましょう。

材料と用具

- *a* マスキングテープ（金）
- *b* mt wrap s サイズ（ストライプ・桃、ドット・ペールブルー、青竹、方眼・グレー）
- *c* ひも
- *d* カッター、カッティングマット、二穴パンチ、ペン

ポケットは薄くて軽いものを入れるのにぴったり。コラージュでよく使うチケットやタグ、古切手などをストックしておくと、見た目にもキュートです。

1 mt wrapを20cm出して切り取り、上部を2cm残して半分に折ります。両端の接着面を接着させます。これを各柄1枚ずつ、計4枚作ります。

2 ポケット状にしたmt wrapを5mmずつ重ね、接着面を接着させます。マスキングテープで両端を貼りくるみます。

3 1.5cm角に切ったマスキングテープを上部の表裏に貼ります。二穴パンチを使って、マスキングテープの中央に穴を1つ開けます。

4 穴を開けた部分に糸を通します。

Advice

手順3で、マスキングテープの中央に確実に穴を開けたいときは、まずペンで穴を開けたいところに印をつけておきます。二穴パンチの片方の穴に挟み、裏側から覗いて印が穴の中央に来ているか確認してからパンチを押します。

point 6　Level ★★★★☆

チケットでコラージュした
ちょっと渋めなカードケース

毎日使うカードケースも、マスキングテープでコラージュすれば
お気に入りのアイテムになってくれます。
ポケット部分には市販の封筒を使い、簡単に作れて
使いやすいデザインに仕上げました。
シールタイプの留めひもがかわいらしいアクセントに。

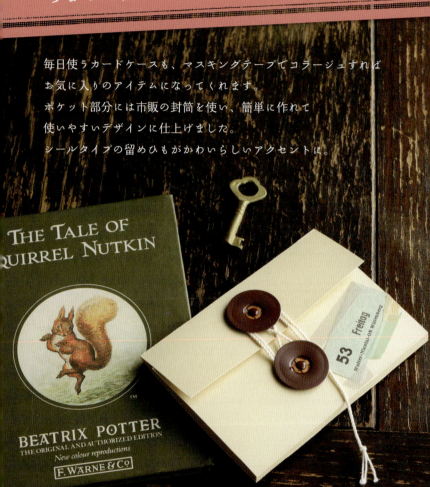

材料と用具

a　マスキングテープ（ストライプ・ゴールド、ストライプ・シルバー、青竹、方眼・青、ボーダー・ブラウン、銀鼠（細）、青竹（細）、蕨（細））
b　ケント紙（台紙用）
c　封筒（カードなどを入れるサイズ）
d　チケット、シールタイプの留めひも
e　カッター、カッティングマット、定規、両面テープ

カードケースを開くと、封筒で作ったポケットがじゃばら状に広がるしくみ。ポケットにはマスキングテープの縁どりとタブをつけてマーキングします。

ケント紙を縦19cm×横11cmに切ります。写真を参照して3ヶ所に薄くカッターで線を入れ、その部分を折ります。

封筒のフラップ（ふた）を開き、折り線の上にマスキングテープ（普通幅）を貼ります。フラップは折ってポケットの内側に入れ込みます。これを5枚作ります。

2で作った封筒を重ね、両面テープで5枚を貼り合わせます。マスキングテープでタブを作り、封筒の上部にそれぞれ貼ります。これを1で作った台紙の内側に両面テープで貼ります。

台紙を閉じ、フラップと本体をまたぐようにシールタイプの留めひもを貼ります。糸をからめて固定します。右下にチケットと細幅のマスキングテープをちぎったものでコラージュします。

Advice

細幅のマスキングテープはチケットなど、小さなモチーフのコラージュに便利です。チケットとマスキングテープの色のトーンを合わせると自然な仕上がりに。ちぎったニュアンスもコラージュのポイントになります。

17

 ★★☆☆

何度も貼ってはがせる
おしゃれな TO DO リスト

毎日たくさんの予定をこなす女子だからこそ、
予定をメモした TO DO リストは必需品。
マスキングテープの特長を生かした TO DO リストなら
「あの予定、忘れてた！」「あの書類はもう提出したっけ？」
そんな不安とおさらばできちゃいます。

材料と用具

- **a** マスキングテープ(ボーダー・珊瑚、ピーチ、カスタード、薄藤、いずみ、アルファベット・金R、ストライプ・シルバー(太))
- **b** 厚紙
- **c** 模様入りの紙
- **d** リボン
- **e** カッター、カッティングマット、はさみ、定規、のり、二穴パンチ、ペン

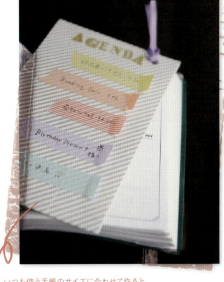

いつも使う手帳のサイズに合わせて作ると、しおりのように挟んで使えるので便利。上部にはリボンをつけて見つけやすくします。

1 手持ちの手帳の大きさに合わせて、厚紙を切ります。模様入りの紙も同じ大きさに切り、厚紙の裏側に貼ります。

2 厚紙の表側に太幅のマスキングテープを貼ります。アルファベット柄のマスキングテープを切り取り、コラージュ風に「AGENDA」(予定表の意味)と貼ります。

3 <u>マスキングテープをちぎり、片方の端を折って厚紙に貼ります。</u>その上からスケジュールを書き入れます。

4 厚紙の右上に二穴パンチで穴を1つ開けます。リボンを通して結びます。

Advice

台紙となる厚紙にあらかじめマスキングテープを貼っておくのがポイント。予定を書き入れたマスキングテープがはがしやすくなり、何度でも使えます。終わったタスクから順にはがして使いましょう。

point 8

Level ★☆☆☆☆

マスキングテープのコラージュで
シンプルなペンをリメイク

事務的なペンは使いやすいけれど、
もっとかわいいデザインならいいのに！
そんな風に思ったら、
ペン軸のデザインにひと工夫加えてみて。
マスキングテープを重ねてコラージュした紙を、
リフィルと一緒に内側に入れ込めば、
簡単なオリジナルペンのできあがり。
かわいいペンで仕事も勉強もはかどりそう。

材料と用具

- *a* マスキングテープ（桜、ボーダー・パープル）
- *b* ペン（軸が透明なもの）
- *c* コピー用紙
- *d* カッター、カッティングマット、定規、ペン

柄のあるマスキングテープと無地とを重ねたシンプルなコラージュ。無地の部分には、ペンで名前や文字を書き入れても。

Chapter 1 ステーショナリー

1 口金を回してリフィルをペン軸から外します。2本のマスキングテープを横に重ねて貼ります。重ねた部分はマスキングテープをちぎったニュアンスを残すようにします。

2 1の上下をマスキングテープの縁にそって切り、左右はリフィルの長さに合わせて切ります。文字を入れたい場合はここで書き込みます。

3 インクが乾いたら、2の紙をリフィルに巻いてクセをつけます。

4 リフィルに巻いた状態でペン軸の中に少しずつ通し、口金を取りつけます。

Advice

ペンのボディは丸軸タイプがおすすめ。内側の模様がよく見えます。一度内側に紙を入れると取り外しは難しいので気をつけて。マスキングテープの重なりがよく見えるよう、無地の方は薄めの色を選ぶとよいでしょう。

Level ★★★☆

旅に出たくなる
マスキングテープの旅行かばん風ブックカバー

マスキングテープと水玉のサテンリボンでおめかしした
旅行かばん風のブックカバー。
カバー部分は英字プリントの紙をグラシン紙で包んで
文字がうっすら透けて見えるデザインに。
電車の中で広げて読むだけでも、プチ旅気分が味わえそう。

材料と用具

- a マスキングテープ（チョコレート）
- b 英字プリントの紙（A4サイズ）
- c グラシン紙（A4サイズ）
- d サテンリボン
- e チケット
- f 刺しゅう糸
- g カッター、カッティングマット、定規、両面テープ、目打ち

布で作るブックカバーよりもお手軽に作れるのが嬉しい。外国のチケットをチャームがわりに。本によって何種類か作ってみても素敵です。

1 グラシン紙の上に英字プリントの紙を置き、文庫本の大きさに合わせて上下を折ります。その後左右を折り、背の部分に折り目をつけます。

2 文庫本に1を取りつけます。両端から2.5cmのところに、両面テープでリボンを貼ります。上部は持ち手のようにループし、ぐるっと裏側まで回して貼ります。

3 四隅に、扇形に切ったマスキングテープを4か所貼ります。長方形に切り、角を切ったマスキングテープをリボンの上から貼り、旅行かばんの模様にします。裏側も同様に貼ります。

4 チケットの上部に目打ちで穴を開けて刺しゅう糸を通し、リボンに結びます。

Advice

手順3で、四隅に扇形のマスキングテープを作るテクニックをご紹介。まずマスキングテープを2本、カッティングマットのラインに沿って並べて貼ります。直径3cmの円を描くようにカッターで切り目を入れます（難しい場合は下書きすると便利）。最後に縦に切り線を入れると扇形に。ぜひお試しを。

point 10　Level ★★☆☆☆

ちょっと小粋な欧文ブックマークを
マスキングテープで手作り

マスキングテープの豊富な柄と色を生かして、
筆記体風のおしゃれなブックマークを手作り。
ボールチェーンやひもの先に
お気に入りのチャームを通して
かわいらしいポイントにしました。
切り絵感覚で作れる楽しいブックマークです。

材料と用具

- *a* マスキングテープ（ストライプ・ゴールド）
- *b* 厚紙
- *c* ボールチェーン、チャーム
- *d* カッター、カッティングマット、定規

「Lecture」はフランス語で「読書」の意味。
筆記体の文字は名前や好きな言葉にするなど、
アレンジを加えてみても。

1 P.92を参照して、厚紙に文字の図案を写します。このとき図案は少し濃く写しておきます。上からマスキングテープを、柄を合わせながら貼ります。

2 図案通りにカッターで文字を切り取ります。

3 「L」の下部にあるすき間にボールチェーンを通し、チャームを通して止めます。

Advice

細かい部分を切るときはカッターの刃を立て、差し込むように切り取ります。裏側からも刃を入れるときれいに切れます。あまり厚すぎる紙だと切りづらいので、最初は少し薄手の紙からトライしても。

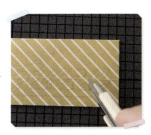

Chapter 1 ステーショナリー

25

コラージュ素材集

拡大・縮小してお使いください

Chapter 2
ラッピング＆ギフト

プレゼントやちょっとした雑貨を贈りたいときに
マスキングテープは大活躍！
シンプルな贈りものでも、マスキングテープをプラスして、
素敵なギフトに変身させてみましょう。
この章では、そんなラッピングやギフトのテクニックをご紹介します。

マスキングテープを貼った
レースペーパーつきギフトバッグ

マスキングテープの2本使いで、ギフトバッグに彩りをプラス。
1本は柄のもの、もう1本は無地のものを選ぶのがポイントです。
紙袋にレースペーパーをかぶせ、コーヒー染めしたタグと
麻糸でかわいくラッピングして。

材料と用具

- a　マスキングテープ（蕨、ボーダー・珊瑚）
- b　ワックスペーパーの紙袋
- c　レースペーパー
- d　荷札タグ
- e　麻ひも
- f　はさみ、二穴パンチ、インスタントコーヒー、コップ

白いシンプルな紙袋にはツヤ感のある濃茶のレースペーパーを、ワックスペーパーでできた薄茶の紙袋には真っ白なレースペーパーをかぶせて。

1　紙袋の幅に合わせてレースペーパーの両端を折り、さらに半分に折ります。

2　紙袋の中にプレゼントを入れ、入れ口を折ります。その上からレースペーパーをかぶせ、マスキングテープを2本貼ります。このとき、マスキングテープは後ろ側までぐるっと巻くように貼ります。

3　2本のマスキングテープの中央に二穴パンチで穴を1つ開けます。コーヒー染めした荷札タグにメッセージを書きます。

4　半分に折った麻ひもを穴に通し、そこに荷札タグを通します。輪の中に麻ひもを通して引き締め、適度な長さで切ります。

 Advice

荷札タグはコーヒー染めすると、褪色したような紙のようになって素敵です。やり方はコップなどに入れたコーヒーの中に5分程度つけて乾かすだけ。つける時間やコーヒーの濃さで仕上がりが変わります。紅茶などでもお試しを。

OPP袋とマスキングテープで
かわいいプチギフトに

薄くて張りがあり、透明なOPP袋。
いろいろな大きさがあり、シンプルなので使い方もさまざま。
三角形のテトラパックの形にしたOPP袋に、
お気に入りのマスキングテープでちょこっとおめかしして。
見た目にもかわいいプチギフトができあがります。

材料と用具

- *a* マスキングテープ（ドット・金）
- *b* OPP袋（B8サイズ）
- *c* 麻糸
- *d* カッター、カッティングマット、ホチキス

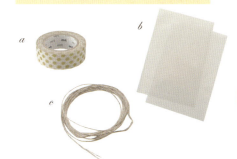

OPP袋に貼ったマスキングテープの内側に、細めの麻糸を挟んで。糸端に同じ柄のマスキングテープを四角く貼ってポイントに。

1 OPP袋にプレゼントを入れます。底と垂直になるように上部を折り、5mmずつ三つ折りします。折り目をホチキスで止めます。

2 ホチキスの針を隠すように、OPP袋の折り目を包みながらマスキングテープを貼ります。このとき、麻糸も一緒に挟みます。

3 麻糸の糸端を包むようにして、マスキングテープを貼り、カッターで四角く切ります。

+1 Advice

OPP袋の口をしっかりとホチキスで止めておくのが、そのあとのマスキングテープをうまく貼るコツ。均等に2〜3か所止めておきます。

 Level ★★★☆☆

マスキングテープで作るギフトリボン①

マスキングテープを使って作れる、魅力的なギフトリボンをご紹介。
プレゼントに華やかさをプラスしたいときにぴったりなリボンは
マスキングテープの豊富な色や柄を生かして作ると
とびきりキュートに仕上がります。

材料と用具

- *a* マスキングテープ（オリーブ）
- *b* タグ
- *c* 飾り糸
- *d* 古切手
- *e* プレゼントしたい紙箱
- *f* カッター、カッティングマット、定規、両面テープ、ホチキス

マスキングテープの粘着力を生かしたギフトリボン。ふんわりと仕上げるために、リボンのループの中に指を入れて形を整えましょう。

1

マスキングテープを40cmに切ります。5mmほど残して半分に折り、マスキングテープ同士を貼り合わせます。5mm残した部分に端を貼って輪にします。これを4個作ります。

2

写真のように1で作った4個の中央をクロスしながら重ね、ホチキスで止めます。

3

同様にして30cmのマスキングテープで作った輪4個で、同じものを作ります。15cmのマスキングテープで輪を1個作ります。

4

40cm、30cm、15cmの順にモチーフを重ね、15cmのループの内側で全てをホチキスで止めます。小さく切ったマスキングテープを針の上に貼り、隠します。箱にタグを通したマスキングテープを十字に貼り、その上に両面テープでリボンを貼ります。

Advice

マスキングテープの輪の作り方を詳しくご紹介。まず指定の長さにマスキングテープを切り、片端をカッティングマットに接着させます。中央部分を右手で持ち、左手でもう一方の端を持って、粘着面を慎重に貼り合わせます。このとき端を5mm空けるのをお忘れなく。二つ折りになったマスキングテープの端と端を合わせて貼り合わせ、輪にします。

マスキングテープで作るギフトリボン②

プレゼントの定番の星型リボンを、マスキングテープで作ってみましょう。
マスキングテープなら色や柄を好きに選べるから、
いろんなバリエーションの仕上がりを楽しめるのが嬉しい。
自分だけのデザインのリボンにトライしてみて。

材料と用具

- *a* マスキングテープ（牡丹、薄藤、ドット・薄藤、マットホワイト、ボーダー・パープル）
- *b* 丸型のボタン
- *c* ラベル
- *d* プレゼントしたい紙箱
- *e* カッター、カッティングマット、定規、のり、ホチキス、縫い針、糸、丸軸のペン

リボン部分は、いろいろな柄のマスキングテープを使うと華やかに仕上がります。全体を同系色でまとめるとよりかわいらしく。

Chapter 2　ラッピング＆ギフト

1 マスキングテープを35cmに切ります。5mmほど残して半分に折り、マスキングテープ同士を貼り合わせます（p.33の「+1Advice」参照）。8の字にねじって、5mm残した部分に端を貼ります。これを3柄作ります。同様に30cmのマスキングテープで作ったものも3柄作ります。

2 35cmのモチーフ3個を写真のようにクロスしながら重ね、中央をホチキスで止めます。30cmのモチーフも同様に重ねて止めます。

3 35cmのモチーフの内側に30cmのモチーフを重ねます。丸型のボタンに縫い針で糸を通し、モチーフの中央に3個縫いつけてモチーフを2個固定します。

4 箱に*3*を貼ります。マスキングテープを半分に折って貼り合わせたものをカールさせ、*3*のモチーフの下から2本貼ります。マスキングテープの上にラベルを貼ります。

+1 *Advice*

最後の飾りつけで使うマスキングテープのくるくるしたリボンは、丸軸のペンなどを使ってマスキングテープをクセづけすると簡単に作れます。

マスキングテープで作るギフトリボン③

カラフルなマスキングテープで作る、エンブレム風のリボンにトライ。
太幅タイプのマスキングテープの上に、細幅タイプのマスキングテープを貼って
全体をかわいらしくまとめました。
ギフトのポイントにはもちろん、裏にピンをつけてブローチ風にして楽しんでも。

材料と用具

a　マスキングテープ（ストライプ・シルバー（太）、臙脂（細））
b　カメオまたはカボション
c　レース
d　カッター、カッティングマット、定規、両面テープ、ホチキス

長さの違う2つのリボンが重なったデザイン。リボンの中央には、レースと一緒にお気に入りのカメオやカボションを乗せて。

Chapter 2　ラッピング＆ギフト

1

太幅のマスキングテープを30cmに切ります。5mmほど残して半分に折り、マスキングテープ同士を貼り合わせます（p.33の「+1Advice」参照）。同様に、40cmのマスキングテープで作ったものも用意します。

2

中央に、細幅のマスキングテープを貼ります。5mm残した部分に端を貼り、輪にします。

3

40cmの輪の上に30cmの輪を重ね、中央をホチキスで止めます。その上に両面テープでレースを貼り、さらに両面テープでカメオを貼ります。

+1 Advice

マスキングテープを輪にするときは、細幅のマスキングテープのラインが揃うように貼ります。残しておいた5mm分の粘着面に重ねます。

37

point 16　Level ★★☆☆☆
3本のマスキングテープとレースで作る
ピアス台紙

あの子に似合いそうな、とってもかわいいピアスを見つけた！
そんなときは、ピアスの台紙ごとマスキングテープで作って
プレゼントしてみてはいかが？
色や柄のバランスを見ながら、順番に貼っていくだけなのでとても簡単。
グラシン紙にスタンプでメッセージを押して仕上げます。

材料と用具

- *a* マスキングテープ（ドット・金（太）、ボーダー・珊瑚、2tone C（シルバー×臙脂））
- *b* コピー用紙
- *c* レース
- *d* OPP袋（B8サイズ）
- *e* スタンプ
- *f* リボン
- *g* カッター、カッティングマット、定規、両面テープ、ホチキス、目打ち、スタンプパッド

グラシン紙から台紙が少し透けて見えるのがかわいい。台紙に使うマスキングテープは、ピアスの色などとバランスを見て決めて。

1

コピー用紙を縦6cm×横5cmに切ります。上端に合わせて太幅のマスキングテープを貼ります。

2

太幅のマスキングテープの下に普通幅のもの、その下に細幅のものを貼ります。さらにその下部に、両面テープでレースを貼ります。バランスを見ながら、目打ちでピアスを通す穴を開けます。

3

グラシン紙をOPP袋に合わせて二つ折りし、表面にスタンプでメッセージを押します。インクをよく乾かします。

4

台紙にピアスを通し、グラシン紙で挟んでOPP袋に入れます。上部をホチキスで止め、蝶結びにしたリボンを両面テープで針の上に貼ります。

 Advice

スタンプにインクをつけるときは、スタンプパッドを持ち、ポンポンと叩くようにしてスタンプの印面にインクをつけます。こうすることでインクのつけすぎを防ぎます。

point 17
Level ★☆☆☆☆

マスキングテープで
アンティークテイストの糸巻きを作る

無地と花柄のマスキングテープを使って
オリジナルの糸巻きを作ってみましょう。
お気に入りのリボンやレースを巻きつけてストックすれば
見た目もかわいらしいアンティーク風メルスリーのできあがり。

材料と用具

- *a* マスキングテープ（青竹、アルファベット・金R、Garden）
- *b* 厚紙
- *c* カッター、カッティングマット

厚紙を糸巻きの形に切り、マスキングテープを貼って作ります。土台となる無地のマスキングテープの色が、全体の印象を決めるポイントに。

1

P.94を参照して、厚紙に糸巻きの図案を写します。このとき図案は少し濃く写しておきます。<u>上から無地のマスキングテープを貼ります。</u>

2

糸巻きの形通りにカッターで切り取ります。中央に花柄のマスキングテープを貼ります。上下にアルファベット柄のマスキングテープを貼ります。

3

ストックしたいリボンなどを巻きつけます。

+1 Advice

図案の全体にまんべんなくマスキングテープを貼りたい場合は、図案を切ってから貼るよりも、あらかじめ図案の上にマスキングテープを貼ってから図案の通りに切る方がきれいに仕上がります。

マスキングテープのストライプがかわいい
簡単ペーパーバッグ

マスキングテープで一番簡単に作れる模様「ストライプ」。
コピー用紙やワックスペーパーに2色のマスキングテープを貼っただけで作れる
お手軽なストライプ模様のペーパーバッグをご紹介します。
折り紙感覚で楽しく作れて、しかもかわいいから
色違いでいくつか作っておいても素敵。

材料と用具

- a マスキングテープ（オレンジ、ボトルグリーン）
- b コピー用紙（A4サイズ）
- c 麻ひも
- d チャーム
- e 飾り糸
- f カッター、カッティングマット、定規、のり、二穴パンチ

底をたたむとぺたんこになるデザインだから、収納しておくときも便利。柄ありのマスキングテープを使ってもかわいい仕上がります。

1 A4サイズのコピー用紙を縦に置き、中央に1本マスキングテープを貼ります。以後、1cmずつ空けながら2色のマスキングテープを交互に貼ります。

2 1を横半分に折り、両側とも上部を2cm内側に折ります。両端をマスキングテープでくるむように貼って袋状にします。

3 2を開き、底になる部分の両側の角を三角に折ります。折った部分は底の下に来るよう折り込みます。写真は片側を折ったあと、もう片側を折っているところ。

4 底の部分を裏側にたたみます。二穴パンチで穴を2つ開け、麻ひもを通します。飾り糸にチャームを通し、麻ひもに結びます。

 Advice

裏側にたたんだ底部分はこのようになっています。手順3で底を三角に折ったとき、三角の部分をのりで底に貼っておくと、ぺらぺらせずにしっかりと形が決まります。

Chapter 2　ラッピング&ギフト

point 19　Level ★★☆☆☆

色塗り感覚で作るおうち型のミニ封筒

とんがった三角屋根に、小さな煙突がついた
かわいいおうち型のミニ封筒。
まるで色を塗るように、
全体をマスキングテープでコラージュして作ります。
こんなキュートなお手紙なら、
もらったあとも飾って楽しんでもらえそう。

材料と用具

- a マスキングテープ（金、ドロップ・ラベンダー、2tone B（茶×水色））
- b コピー用紙
- c 色画用紙（メッセージ用）
- d カッター、カッティングマット、定規、のり、ペン

封筒の内側には小さな紙を入れてメッセージカードに。窓からメッセージカードの色が透けて見えるしくみです。

P.92を参照して、コピー用紙に家の図案を写します。このとき図案は少し濃く写しておきます。上からマスキングテープを貼ります。煙突には金の、屋根には2色の、壁には水玉のマスキングテープを貼ります。

/を型紙通りに切ります。窓の部分も切り取ります。

色画用紙を縦5cm×横5cmに切ります。メッセージを書きます。

メッセージカードを、メッセージ部分を裏側にして写真のように置き、封筒ののりしろを折ってのりづけします。

 Advice

マスキングテープを貼るときは、まず図案からはみ出させて貼っておき、あとから定規を当ててカッターで薄く線を入れ、はみだしたマスキングテープのみをはがします。屋根と煙突の境目の部分はこの方法で貼ります。

45

point 20　Level ★★★☆☆

手作りの金封に
マスキングテープのポイントをあしらって

最近増えてきた、少しカジュアルな金封。
お友達へのちょっとしたお祝いやお礼などで気軽に使うなら
こんなかわいらしいものはいかが？
渡す人の温かい気持ちもつたわる、マスキングテープを使った
手作りの金封なら、もらった人もきっと喜んでくれるはず。

材料と用具

- *a* マスキングテープ（ボーダー・珊瑚、蕨（細）、銀鼠（細））
- *b* ワックスペーパー（A4サイズ）
- *c* レースペーパー
- *d* 造花（2本）
- *e* リボン
- *f* お祝いと書いた紙（幅約2.5cm）
- *g* カッター、カッティングマット、定規、のり、ペン

淡い色の造花を細幅のマスキングテープで貼って、よりかわいらしく。レースペーパーのフェミニンなイメージとマッチします。

1 A4サイズのワックスペーパーの左右を、幅約10cmになるよう折ります。そのあと上下を高さ約18.5cmになるよう折ります。入れたいものによって折り幅は変えてもOKです。

2 表に返し、真ん中の部分に「お祝い」と書いた紙を貼ります。その左右にマスキングテープを縦に貼ります。ワックスペーパーの下にレースペーパーを置き、包み込むようにして表に折り曲げます。

3 表の中央でリボンを蝶結びします。造花2本を揃え、茎の部分を細幅のマスキングテープ2本で右上に貼ります。

 +1 Advice
ワックスペーパーにマスキングテープを貼るときは要注意。貼ってしばらく経つとはがしづらくなり、跡が残ってしまいます。貼るときは場所を決め、慎重に貼りましょう。

Chapter 2 ラッピング&ギフト

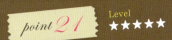

マスキングテープでおめかしした ケーキ型ギフトボックス

ストロベリークリームが乗った、丸いケーキ型のギフトボックス。
つんと立ったクリームの形がとってもキュートです。
ギフトボックス自体がかわいい贈り物になるから
渡したあとも小物入れとして使ってもらえます。

材料と用具

- *a* マスキングテープ（桜、マットホワイト、マーブル・レッド）
- *b* 色画用紙（ピンク）
- *c* コピー用紙
- *d* アイスクリームのカップ
- *e* カッター、カッティングマット、定規、のり、コンパス、ボンド、楊枝、クラフトパンチ（ハート）

アイスクリームの空き箱を使って作ります。クリーム部分に使うマスキングテープの色を変えれば、チョコクリームやレモンクリームなどにも。

1
アイスクリームの箱の側面とふたに、コピー用紙を貼って柄を隠します。箱の側面にはさらに白のマスキングテープを貼り、その上から等間隔でピンク色のマスキングテープを貼ります。

2
色画用紙に水玉のマスキングテープを貼ります。その上からクラフトパンチを抜いてハート型の紙を作ります。これを5枚作ります。

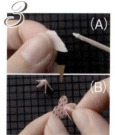

3
ハート型の紙2枚を半分に折り、1枚の折り線に楊枝などでボンドを塗ります（A）。もう1枚の紙の折り線の内側にAを貼ります（Bの右手で持っている部分）。Bを2枚作り、折り曲げていないハート型の表裏の中央に、放射状になるように貼ります。

4
3を8個作り、ふたの上面に貼ります。大きなハート型で1個作ってふたの中央に貼ります。

+1 Advice
ハート型のクラフトパンチは100円ショップなどに売っています。押すときは写真のようにクラフトパンチを裏から見て、マスキングテープからはみ出していないかチェックしながら押します。クラフトパンチがない場合は型紙を作って切ってもOKです。

point 22
Level ★★☆☆

エアメール風に
マスキングテープでアレンジしたぽち袋

デザインに遊び心を効かせた、小さなぽち袋。
封の部分には、封蝋デザインの
マスキングテープを使いました。
正方形のタイプは500円玉がすっぽり入るサイズ。
長方形の方はお札はもちろん、
封筒代わりに使って手紙やメモを
渡すのにも使えます。

材料と用具

- a マスキングテープ（空（細）、臙脂（細）、封蝋R）
- b 茶紙
- c ラベル
- d カッター、カッティングマット、定規、のり

エアメールをイメージした縁のデザインも、マスキングテープで作ればお手軽です。封蝋のマスキングテープはシール代わりに。

Chapter 2 ラッピング&ギフト

1 P.93を参照して、茶紙に封筒の図案を写します。形通りに切り取ります。

2 細幅のマスキングテープ2本をカッティングマットに並べて貼り、カッターで斜めに切り線を入れます。色を交互に変えながら、封筒の折り線の上に貼ります。

3 折り線通りに折り曲げ、のりづけします。長方形の封筒にはラベルを貼ります。封蝋のデザインのマスキングテープから封蝋の形を切り取り、フラップの部分に貼ります。

+1 Advice

細幅のマスキングテープを切るときは、定規を当ててカッティングマットのラインを目印に、斜め45度に切っていきます。カッターの刃先でマスキングテープをめくるとはがしやすくなります。

point 23　Level ★☆☆☆☆
マスキングテープで想いを伝える
メッセージフラワー

フラッグ風に貼ったマスキングテープに
メッセージを書き添えれば、
一輪のお花でも十分かわいいプレゼントに。
「ありがとう」「おめでとう」
「ごめんなさい」……
いろいろな気持ちを、
お花とマスキングテープとが
おしゃれに運んでくれます。

材料と用具

- a マスキングテープ（ストライプ・シルバー）
- b お花
- c カッター、カッティングマット、ペン

お花の茎の部分にマスキングテープを貼っただけの簡単アレンジ。太幅のマスキングテープならメッセージの量も増やせます。

1 マスキングテープをカッティングマットの上に貼ります。その上にペンでメッセージを書きます。

2 1のマスキングテープを適当な長さに切ります。花の茎を挟むようにして貼り合わせます。

3 マスキングテープの端をカッターで三角形に切ります。

お花の色やイメージに合わせてマスキングテープを選びましょう。太さや色、模様の有無で印象が変わります。複数のマスキングテープをつけてもかわいくなります。

カメオのような丸い花モチーフを
マスキングテープで手作り

4弁の花を3枚重ねて作る花モチーフ。
マスキングテープの柄を生かして、丸みを帯びた形に仕上げます。
ラッピングのポイントとしてボックスや紙袋にあしらっても素敵だし、
裏側にブローチピンをつけてブローチにも。

材料と用具

- a マスキングテープ（桜、Flower red R、絣、つぎはぎ・E、マットホワイト）
- b コピー用紙
- c ボタン
- d ワイヤー
- e カッター、カッティングマット、目打ち

手のひらで花びらをすぼめたあと、花びらの裏から白いマスキングテープで止めて立体感を出します。葉も裏から止めています。

1
P.92を参照して、コピー用紙に花の図案を写します。このとき図案は少し濃く写しておきます。図案の上からマスキングテープを貼ります。

2
/を図案の通りに切ります。同じものを他のピンク系のマスキングテープで2枚作ります。

3
2を重ね、目打ちで穴を開けます。ボタンにワイヤーを通し、穴に通します。ワイヤーは裏側で丸めて処理します。花びらをすぼめ、裏側から白のマスキングテープで止めて丸みのある形にします。

4
/と同じ要領で、緑系のマスキングテープで葉を作ります。白のマスキングテープで花の裏側から貼ります。

 +1 Advice

丸みのある花にするために、花びらを裏側で止めます。止めるときは白のマスキングテープが表側に出ないよう、確認しながら少しずつ貼りましょう。

コラージュ素材集

拡大・縮小してお使いください

56

Chapter 3
パーティ&イベント

カラフルなマスキングテープは
華やかさや賑やかさを演出するのにぴったりなツール。
もちろん、パーティーやイベントにも引っ張りだこです。
この章では、会場をおしゃれに演出する
マスキングテープを使った雑貨をご紹介します。

point 25　Level ★☆☆☆☆

テーブルが華やかになる
マスキングテープ使いのミニピック＆紙コップ

小さくてかわいい手作りピック。
焼き菓子などにちょこんとさすだけでお皿の上がぱっと華やぎます。
紙コップはマスキングテープをコラージュ風に自由に貼って。
どの紙コップが誰のものか、分かりやすくなって便利です。

材料と用具

- *a* マスキングテープ（好みの柄）
- *b* 楊枝
- *c* 紙コップ
- *d* カッター、カッティングマット

マスキングテープの柄が生きるミニピックは、手軽に華やかさをプラスできるアイテム。たくさん作ってストックしておきたい。

★ミニピック

マスキングテープを伸ばし、指の上に置きます。上端を合わせて楊枝を置きます。

楊枝を包むようにマスキングテープを半分に折り、貼り合わせます。フラッグの部分が正方形になるよう、カッターで切って長さを整えます。

★紙コップ

同系色のマスキングテープ5本程度を、紙コップの側面に縦にランダムに貼ります。ちぎったニュアンスを生かしながら、口が当たる部分は避けて貼っていきます。

Advice

アルファベットのミニピックを作るときは、そのまま貼り合わせると裏の文字が透けて見えるため、白のマスキングテープの上にアルファベットを貼ってから作るときれいに仕上がります。

point 26
Level ★☆☆☆☆

セットで使いたいマスキングテープ使いのランチョンマット&はし袋

簡単な手順で作れるランチョンマットとはし袋。
どちらにも同じ色のマスキングテープを使い、統一感を持たせます。
ランチョンマットの端に小さくアルファベットをあしらえば、

材料と用具

a マスキングテープ（スポット・イエロー、カスタード、カスタード（細））
b コピー用紙（ランチョンマットはB4、はし袋はA5サイズ）
c カッター、カッティングマット

はし袋は三角に折り返した部分がポイント。ここにかわいいマスキングテープの柄を効かせてみましょう。

★ランチョンマット

1 B4サイズの紙の両端に、水玉のマスキングテープを貼ります。その内側に黄色のマスキングテープを貼ります。細幅のマスキングテープで右下にイニシャルをかたどって貼ります。

★はし袋

1 A5サイズの紙（もしくはA4を半分に切ったもの）の長い辺に、水玉のマスキングテープを1本貼ります。貼っていない方の辺を5cm、手前に折ります。

2 下を折り上げます。そのあと左右の長さが13cmになるように左を折ります。

3 細幅のマスキングテープで全体を巻きつけるように左端を貼ります。紙端を手前に折り、三角形にします。

Advice

ランチョンマットにイニシャルを入れるときは、先にカッティングマットの上で形を作っておいてから貼っていくとよいでしょう。

マスキングテープで彩ったキュートな紙皿

真っ白でシンプルな紙皿も、
マスキングテープならではのかわいい色や柄を駆使すれば
自分だけのかわいい1枚に早変わり。
モチーフ柄のマスキングテープを使っても素敵。
見た目にも楽しいパーティーを演出しましょう。

材料と用具

- a マスキングテープ（りぼん、いずみ、桜、ドット・金）
- b 紙皿
- c カッター、カッティングマット、定規

華やかな紙皿はパーティーのいい脇役に。使うときは、食品が直接マスキングテープに触れないよう、紙ナプキンなどを挟んで置くようにします。

★ボーダー

水玉のマスキングテープと無地のマスキングテープを、紙皿の中央から交互に貼っていきます。マスキングテープの端は紙皿の裏に回して貼ります。

★チェック

無地のマスキングテープをまず紙皿の中央に横に貼ります。1.5cmずつ空けて貼っていき、横が全部貼り終えたら同様にして縦方向に貼り、チェックの模様にします。マスキングテープの端は紙皿の裏に回して貼ります。

★リボン

リボンの柄のマスキングテープをカッティングマットの上に貼り、カッターと定規でモチーフを1枚ずつに切ります。

紙皿のふちに、リボンの柄を1枚ずつ貼ります。

Advice
リボンの柄の紙皿を作るときは、写真のように上下、左右、斜め……の順番に貼っていくと、隙間なく綺麗にモチーフを貼ることができます。

マスキングテープで作るカラフルなフラッグが パーティーの盛り上げ役に

パーティーの空間を華やかに彩るなら
マスキングテープで作ったフラッグがおすすめ！
簡単に作れて、お部屋の中も楽しい雰囲気に。
マスキングテープをボーダーに貼っていくだけの
シンプルでかわいいデザインです。

材料と用具

- *a* マスキングテープ（好みの柄）
- *b* コピー用紙
- *c* レースペーパー
- *d* チケット
- *e* スタンプ
- *f* 麻ひも
- *g* カッター、カッティングマット、定規、のり、スタンプパッド

全体の中に1枚だけ、コラージュ風のフラッグを混ぜておくとリズムが出ます。フラッグは何本か作ってランダムに重ねづけしても。

P.93を参照して、コピー用紙にフラッグの図案を写します。図案の通りに切ります。

1.5cmすき間を空けながら、マスキングテープを貼ります。1色で貼ったり、2色を交互で貼ったり、隙間なく貼ったりなど、自由に作ります。

コラージュタイプは、マスキングテープ、レースペーパー、チケット、スタンプなどで自由にコラージュします。

フラッグの上部を折って麻ひもを挟み、貼り合わせます。全てのフラッグを同様につなげます。

 Advice

手順4で、フラッグの上部を折って麻ひもを挟んだら、白のマスキングテープで紙端を処理すると目立たず綺麗に仕上がります。

poin 29　Level ★☆☆☆☆
マスキングテープを生かした
ドロップ型のモビールでかわいく飾りつけ

マスキングテープの
柄と色を生かしたモビールは、
ドロップ型に作った5個のモチーフを
順番につなげていくだけでできる、
簡単なもの。
少しの風でもふわふわ、
くるくると揺れてくれます。
パーティーの会場を
一層華やかにしてくれそう。

材料と用具

- a マスキングテープ（銀鼠、クロス・ブルー）
- b コピー用紙（A4サイズ）
- c ミシン糸またはテグス
- d カッター、カッティングマット、定規、縫い針

ドロップ型になっているモチーフは、表と裏に別色のマスキングテープを貼ります。1枚だけ、表裏を逆にしてみると遊び心アップ。

1 A4サイズのコピー用紙の長い辺に、1cm程度紙からはみ出した状態でクロス柄のマスキングテープを貼ります。マスキングテープの幅にそってカッターで切ります。

2 同様にして1の長さから3cmずつ短くしながら、計5本作ります。裏側に無地のマスキングテープを貼ります。

3 2をドロップ型に曲げ、余らせておいた1cmのマスキングテープで貼り合わせます。1枚のみ、無地の側が外側に来るように貼り合わせます。

4 入れ子式にモチーフを重ねます。縫い針にミシン糸を通し、モチーフの上部に下側から針をさし、引き抜きます。糸を切り、結び目を作って糸を輪にします。

Advice

1か所だけ表と裏を逆にしたものを作ると、モビールに面白みが出ます。使用するマスキングテープは、ひとつを柄ものに、もうひとつを無地にするとコントラストがよく出ます。

point 30　　Level ★★☆☆☆

ちょっぴり変装気分を楽しめる
マスキングテープのカラフルメガネ

マスキングテープと厚紙で作る
ちょっとファニーなメガネたち。
型紙通りに切るだけで作れるので、たくさん作って
みんなでプチ変装パーティーを楽しんでも。
その日の主役にかけてもらうのも面白い使いみちです。

材料と用具

a **マスキングテープ（アーガイル・ピンク）**
b **厚紙**
c **カッター、カッティングマット**

メガネのツルの部分とレンズの部分は、切り込みに差し込むようにしてつなげます。マスキングテープの柄によって印象ががらりと変わります。

P.94を参照して、厚紙にメガネの図案を写します。このとき図案は少し濃く写しておきます。上からマスキングテープを、柄を合わせながら貼ります。

図案の通りにカッターで切り取ります。

メガネのレンズ部分と、ツルの部分に入っているそれぞれの切り込みを差し込んで組み立てます。

Advice

柄のあるマスキングテープの場合は、柄合わせに気をつけましょう。また、柄によって図案が透けて見えづらくなるため、少し濃い目に写しておくとやりやすくなります。

point 31
クリスマスが待ち遠しい
マスキングテープ使いのアドベントカレンダー

水玉模様のワックスペーパーで作ったツリーが
かわいらしい印象のアドベントカレンダー。
窓の部分は2色のマスキングテープで彩り、
スタンプで日にちをあしらいました。
1日いちにち、窓を開くのが待ち遠しくなりそう。

材料と用具

- *a* マスキングテープ（方眼・グレー、本豆、シルエットR）
- *b* ワックスペーパー（A4サイズ）
- *c* 色画用紙（B4サイズ）
- *d* 麻ひも
- *e* スタンプ
- *f* カッター、カッティングマット、のり、二穴パンチ、スタンプパッド

窓を開くと、中にはいろいろなモチーフが。モチーフ柄のマスキングテープを切って使います。一緒にメッセージを添えても。

1 P.95を参照して、ワックスペーパーにツリーの図案を写します。図案の通りに外側の輪郭のみ、カッターで切ります。

2 長さ3cmに切った方眼柄と赤色のマスキングテープを、写真のように窓に2段に貼ります。図案の通りに窓に切り線を入れます。

3 方眼柄のマスキングテープの上に、数字のスタンプを押して日付を入れます。

4 色画用紙の上に*3*を置き、貼る位置を定めます。ツリーをめくりながら窓の下にモチーフ柄のマスキングテープを貼ります。全て貼り終えた後に、ツリーの窓部分は避けて色画用紙と貼り合わせます。二穴パンチで上部に穴を開け、麻ひもを通します。

Advice

マスキングテープの上に押したスタンプは乾きづらいので、しっかり乾くまで触らないようにします。また、窓は一度開けるともとに戻りにくいため、下のモチーフの貼り位置はツリーごとめくりながら確認します。

コラージュ素材集

拡大・縮小してお使いください

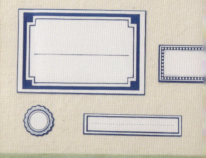

Chapter 4
トラベル & レター

この章では、旅の思い出をまとめたコラージュブックや
おしゃれでかわいいお手紙グッズをご紹介。
柄や色の豊富なマスキングテープは、
コラージュにはもちろんのこと、
レターセットなどにもかわいいアクセントを与えてくれます。

point 32 ★★★☆

マスキングテープとコラージュで作る
旅の思い出帖

旅で持ち帰った劇場のチケットやカフェのコースター、
ふらっと立ち寄ったメルスリーのレースなど……
旅の思い出が詰まった雑貨たちを写真とともにコラージュして
世界にひとつの旅の思い出帖に。
こんな時も、マスキングテープが
いい効かせ役になってくれます。

材料と用具

a マスキングテープ（つぎはぎ・A、つぎはぎ・C、2tone C（茶×緑）、2tone A（オレンジ×ベージュ）、2tone A（ピンク×紫））
b 厚紙
c コースター
d チケット
e 写真
f リボン
g ラベル、レース、模様入りの紙
h カッター、カッティングマット、のり、ペン

横長の台紙を4枚つなげて、1枚ずつにそれぞれの場所をテーマにしたコラージュを作ります。閉じるときはじゃばら型にたたんで、リボンを蝶結び。

1 厚紙を縦8.5cm×横17cmに切り、つぎはぎ柄のマスキングテープで横長につなげ、4ページ分にします。

2 台紙の内側にチケットや写真、マスキングテープでコラージュします。4ページ全てにコラージュし、文字を書き入れます。

3 2をじゃばらにたたみ、表になる部分にタイトルを書いたラベルを貼ります。

4 台紙の両端に、2本に切ったリボンをそれぞれマスキングテープで貼りつけます。閉じるときはこのリボンを蝶結びします。

Advice

文字を強調したいときや目立たせたいときは、その下にマスキングテープを貼ると効果的。ちぎったニュアンスも生かして貼ると素敵です。

マスキングテープとブラッズ使いの手軽なアルバム

旅行先で撮った風景や人々、建物の写真をまとめて、
表紙つきのアルバムを手作り。
ブラッズで片側を止めただけなので
手軽に作れて、いつでも見返せるのが嬉しい。
飾り罫のデザインのマスキングテープが、タイトル部分に華を添えます。

材料と用具

- a　マスキングテープ（飾り罫・黒R、臙脂）
- b　訪れた先の地図、またはポストカード
- c　シール（乗り物など）
- d　写真
- e　ブラッズ（割りピン）
- f　カッター、カッティングマット、定規、のり、二穴パンチ

スコッチの醸造所を巡る旅へ……訪れた先の醸造所に丸いシールを貼って。このシールもマスキングテープで作ります。

1. 地図の、国名の部分を切り取っておきます。残りを写真の大きさに切り取り、表紙にします。

2. 地図中の、訪れた先に赤のマスキングテープで作ったシールを貼ります。車などのシールでコラージュします。

3. 飾り罫のマスキングテープを切り取ります。国名の書かれた紙の上に貼り、さらに2の上にバランスよく貼ります。

4. 表紙と写真の左上に二穴パンチで穴を1つ開け、ブラッズを通し、裏で足を割ります。

Advice

手順2で貼るマスキングテープのシールの作り方をご紹介。マスキングテープを伸ばして、粘着面を合わせて半分に折ります。二穴パンチの片方の穴でマスキングテープに穴を開け、丸いパーツの方をシールとして使います。使うときはのりで貼って使います。

point 34　Level ★★★☆

フェミニンなマスキングテープの額に、旅の思い出を閉じ込めて

思い出の土地で買った地図やポストカードなどを、
手作りのおしゃれな額の中に収めてインテリアに。
もちろん、写真を入れてフォトスタンドにすることもできます。
額の部分に使った黒地に白のレース模様が
全体を大人かわいい印象に仕上げます。

材料と用具

- a マスキングテープ（2tone C（茶×緑）、レース、マットホワイト）
- b 厚紙
- c ポストカード、地図など
- d レース
- e チェーン
- f カッター、カッティングマット、定規、のり

額の部分には2本のマスキングテープを使って。角を斜めに処理して額縁のように仕上げます。レースなどをあしらっても素敵。

1 厚紙をB6サイズに2枚切ります。その内の1枚の四辺に、レース柄のマスキングテープを貼ります。その内側に2色の柄のマスキングテープを貼ります。

2 /の内側を切り抜きます。<u>マスキングテープを貼った四隅を斜めに切り、模様を合わせます。</u>

3 /で切ったもう一枚の厚紙に、地図を貼ります。その上から2を貼ります。

4 裏側からチェーンを貼り、白のマスキングテープで固定します。左下にレースを貼ります。

Advice

手順2で、マスキングテープの角の模様を合わせる方法をご紹介。まず、角で重なっているマスキングテープをカッターで斜めに軽く切ります。そのあと三角の部分をはがします。こうすることで模様がつながり、額縁らしくなります。

マスキングテープの縁どりが効いた 手作りの切手帳

Level ★★★☆☆

手紙好きなら、ぜひ持っておきたい切手帳。
こちらは色画用紙を台紙にした、
簡単に作れるタイプ。
グラシン紙でじゃばら状に折った
ポケットに切手を挟みます。
となりの小さなポケットには、
古切手を入れるスペースを。
どちらもマスキングテープの水玉模様が効いています。

材料と用具

- a　マスキングテープ（ドット・金）
- b　色画用紙（B5サイズ）
- c　グラシン紙
- d　レースペーパー
- e　ラベル
- f　古切手
- g　リボン
- h　カッター、カッティングマット、定規、のり、両面テープ

表紙にはレースペーパーとラベル、古切手でコラージュを。リボンで蝶結びして閉じるデザインです。

1 色画用紙を縦半分に折ります。同じく半分に折ったレースペーパーを、折り線を合わせて置き、のりづけします。

2 グラシン紙を縦43cm、横12cmに切ります。まず1cm谷折りし、その線から2cm上をさらに谷折りします。その線から4cm上を山折り、その線から2cm上を谷折りします。以降、4cm山折りと2cm谷折りを繰り返します。

3 全て折れたら、2の両端をマスキングテープで貼りくるみます。ひだの部分が浮く場合は、おもりなどを乗せて貼るとやりやすくなります。

4 3のマスキングテープの裏側に両面テープを貼り、色画用紙の内側の右面に貼ります。適当な大きさに切ったグラシン紙でポケットを作り、左面に貼ります。「+1Advise」を参照して表紙を作ります。

+1 Advise

表紙はラベルや古切手でコラージュを。リボンを2本に切って表面と裏面から両面テープで貼ります。閉じるときはこのリボンを蝶結びして。

Chapter 4　トラベル&レター

81

point 36　Level ★★☆☆☆

マスキングテープをひもでちぎって封筒の開封に

マスキングテープの
「ちぎれやすい」という特長を生かして
スクエア型の封筒を作ってみましょう。
開封するときはひもを使って。
ひっぱるだけで手紙の縁に
そってきれいに開くことができ、
相手に手紙をもらう楽しさも
一緒に贈ることができます。

材料と用具

- *a* マスキングテープ（ストライプ・シルバー）
- *b* 英字プリントの紙
- *c* ボタン
- *d* 花柄のクロモスシート
- *e* 古切手
- *f* 飾り糸
- *g* カッター、カッティングマット、はさみ

ぴりぴりとマスキングテープを破っていくのが楽しいこのテクニック。薄いものならこの中に入れてプレゼントすることもできます。

1 英字プリントの紙を適当な大きさに切り、半分に折ります。折り線を下にし、残りの3辺の下部に写真のようにマスキングテープを貼ります。

2 飾り糸を切り、紙の縁に沿わせてマスキングテープの上に置きます。貼りくるむようにマスキングテープを貼ります。

3 表面にクロモスシート、古切手などでコラージュします。飾り糸の端にボタンを結びつけます。

Advice

手順 *1* でマスキングテープを貼るとき、写真のように角を斜めに切り取っておきます。こうすることで糸がスムーズに進むようになります。

point 37　Level ★★☆☆☆

マスキングテープが効いた
コラージュ感覚のレターセット

マスキングテープやレースペーパー、チケットなどでコラージュした
おしゃれなレターセット。
カラーコピーしてあるので、コラージュ感はそのままに
プリントした紙のような感覚で手軽に使えます。
簡単に作れるので、ストックしておいても便利です。

材料と用具

- a マスキングテープ（駱駝（細）、青竹（細）、蕨（細）、母音・黒R、アルファベット・金R）
- b コピー用紙（A4サイズ）
- c レースペーパー
- d チケット
- e 造花
- f 英字プリントの紙、ラベル
- g カッター、カッティングマット、のり、ライター

封筒は、できあがりに折ったときにどのあたりにどの模様が来るかを考えながらコラージュすると、バランスのよいデザインに仕上がります。

1
市販の封筒ののりづけ部分を開きます。

2
コピー用紙に、レースペーパーやチケット、造花、マスキングテープなどでコラージュします。英字プリントの紙はP.13の「＋1Advice」を参照して紙端をライターで燃やします。

3

2をカラーコピーします。1で開いた市販の封筒を上に乗せ、型を取って切り取ります。

4

のりづけし、封筒の形にします。表面にラベルを貼ります。便せんは2をカラーコピーする際にB5に縮小し、色味を少し薄く設定します。手紙は裏側に書きます。

チケットなどのパーツは少し重ねてコラージュすると雰囲気が出ます。マスキングテープは柄のあるものをうまく使ってアクセントに。

サプライズが詰まった ろうそくのバースデーカード

1本のろうそくが中央にぽつんと立ったカード。
飾り糸をほどいて、中を開くと
いくつものろうそくと
「HAPPY BIRTHDAY」の文字が。
一見シンプルなデザインですが、
もらった人にちょっとしたサプライズも
プレゼントできるカードです。

材料と用具

a マスキングテープ（ピーチ、桜、アプリコット、オリーブ（細）、銀鼠（細）、駱駝（細）、青竹（細））
b ケント紙
c 茶紙
d レース
e 飾り糸
f スタンプ
g カッター、カッティングマット、のり、両面テープ、目打ち、スタンプパッド、ペン

細幅のマスキングテープをちぎって貼ったろうそくが、カードの中に隠れているデザイン。スタンプ部分もうまく隠して。

1. ケント紙を縦11cm×横27cmに切ります。四隅を2cm程度切り取ります。両端から6cmのところにそれぞれカッターで軽く線を入れ、折り曲げます。

2. はがきサイズに切った茶紙を、1の内側に貼ります。細幅のマスキングテープを中央に貼り、ピンク系のマスキングテープ2本で炎を作ります。炎とろうそくの間にペンで線を入れます。

3. 時々カードを閉じてはみ出ないか確認しながら、2のろうそくの右に3本ろうそくを作って貼ります。左側にスタンプで「HAPPY BIRTHDAY」の文字を押します。上下に両面テープでレースを貼ります。

4. カードの両端に目打ちで穴を開け、飾り糸を通します。蝶結びをして閉じます。

Advice

手順2で炎を作るときは、ピンク系のマスキングテープをはさみでランダムに六角形にし、その中央に小さく切ったもう1本のピンク系のマスキングテープを貼って作ります。

point 39 Level ★★☆☆

マスキングテープの柄を生かした
バッグ型のメッセージカード

ボストンバッグのようなデザインのメッセージカード。
外側はマスキングテープでカラフルに色づけし、
内側にメッセージを書きます。
持ち手とふた、本体部分の色の組み合わせで
いろんなパターンのおしゃれなバッグが楽しめます。

材料と用具

- *a* マスキングテープ（ドット・金（太）、牡丹）
- *b* コピー用紙
- *c* カッター、カッティングマット、ペン

ふたの部分が留め具のようになっているデザイン。着せ替えを楽しむように、いろいろなマスキングテープの柄で作って楽しんでみましょう。

P.95を参照して、コピー用紙にバッグの図案を写します。このとき図案は少し濃く写しておきます。図案の上からマスキングテープを貼ります。持ち手と本体部分は別色のマスキングテープを貼ります。

1を図案の通りに切ります。

折り線通りに折り、ふたを持ち手にくぐらせて手前で折ります。

メッセージを書き入れるなら手順2のときに。マスキングテープを貼った裏側に書き入れます。

point 40 Level ★★★☆☆
四つ葉のクローバーが飛び出す楽しいメッセージカード

ハート型が透けて見える、四角いメッセージカード。
台紙を開くと、大きな四つ葉のクローバーが飛び出します。
台紙に透け感を持たせたいので、
無地のワックスペーパーや
グラシン紙をチョイスして。
マスキングテープを縁に貼って
かわいらしさと強度をプラスします。

材料と用具

- *a* マスキングテープ（ボーダー・ブラウン）
- *b* 折り紙
- *c* ラベル
- *d* グラシン紙またはワックスペーパー
- *e* 刺しゅう糸
- *f* カッター、カッティングマット、定規、のり、目打ち

台紙よりも大きく飛び出すクローバーのモチーフ。もらった人にハッピーな気持ちを一緒にプレゼントできそう。

1 折り紙を三角に折ります。折り鶴を折る要領で写真のように折り紙を折ります。裏側も同様に四角く折ります。

2 P.95を参照して、*1*にハートの図案を写します。図案の通りに切ります。

3 グラシン紙を縦18cm×横9cmに切ります。四辺にマスキングテープを貼ります。*2*で切ったハート型の2面を、写真のようにグラシン紙に貼ります。

4 台紙を閉じ、上部に目打ちで穴を開けます。刺しゅう糸を通し、穴を開けたラベルを通します。

Advice

手順*3*でグラシン紙にハート型を貼るときは、ハートの面をグラシン紙に貼るようにします。貼りつけたら何度かグラシン紙を開閉し、自然に開くところで接着させましょう。

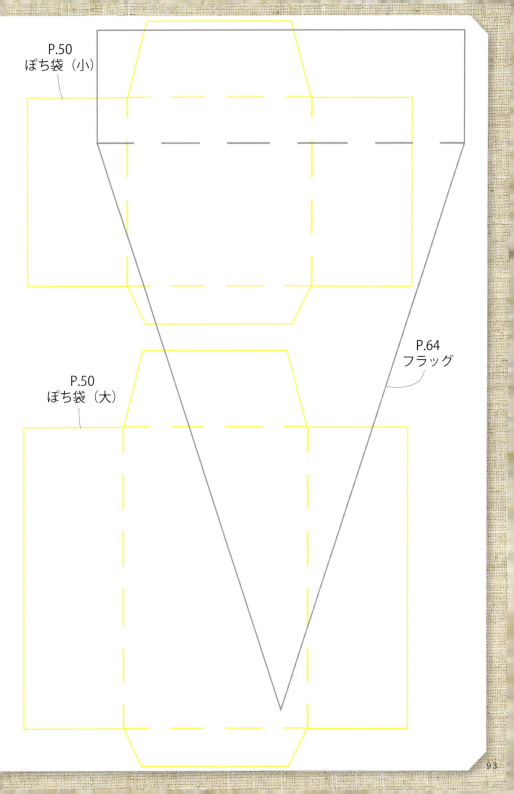

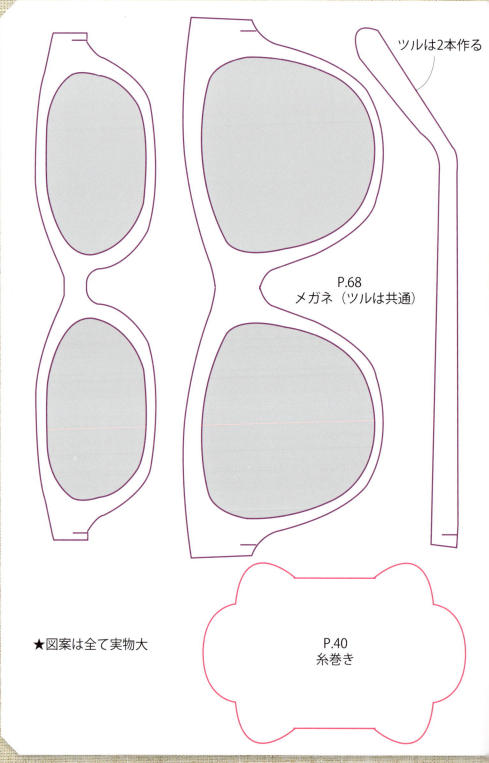

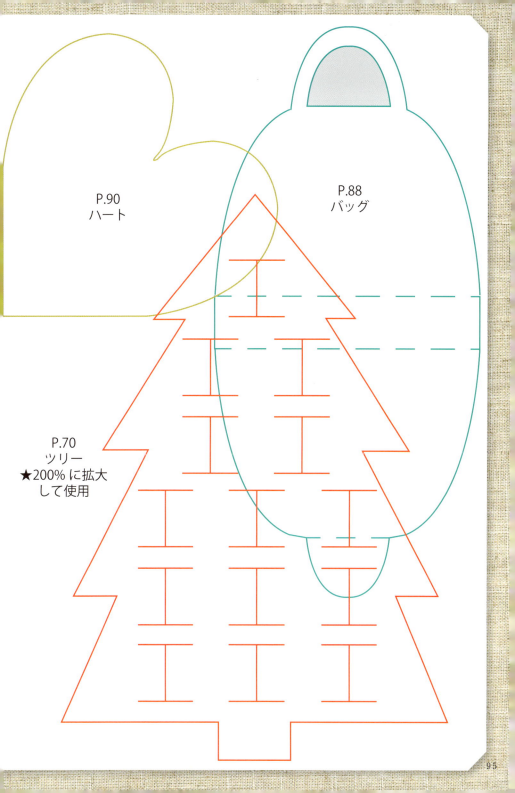

[作品制作]

森 珠美（もりたまみ）

1978年生まれ。早稲田大学卒業。小さなころから手作りに興味を持ち、出版社勤務を経たのち独立し、ハンドメイドをはじめとする書籍の編集・執筆、プロデュースを手がける。共著に『ぐるぐる編みの小さなかごと雑貨』(パッチワーク通信社刊)など。

staff

[　撮　　影　]　原田 真理
[デザイン・DTP]　榎本美香（blue vespa）
　　　　　　　　Sugarcube
[　編　　集　]　フィグインク
　　　　　　　　Office Foret

材料提供
カモ井加工紙株式会社
086-465-5812

撮影協力
AWABEES　03-5786-1600

素敵にアレンジ
マスキングテープをもっと楽しむ本　新版

2019年2月15日　第1版・第1刷発行

著　者　フィグインク
発行者　メイツ出版株式会社
　　　　代表者　三渡 治
　　　　〒102-0093 東京都千代田区平河町一丁目1-8
　　　　TEL：03-5276-3050（編集・営業）
　　　　　　　03-5276-3052（注文専用）
　　　　FAX：03-5276-3105
印　刷　シナノ印刷株式会社

●本書の一部、あるいは全部を無断でコピーすることは、法律で認められた場合を除き、著作権の侵害となりますので禁止します。
●定価はカバーに表示してあります。

©フィグインク,2013, 2019.ISBN978-4-7804-2155-2 C2077 Printed in Japan.

ご意見・ご感想はホームページから承っております。
メイツ出版ホームページアドレス http://www.mates-publishing.co.jp/
編集長：折居かおる　副編集長：堀明研斗　企画担当：折居かおる／清岡香奈

※本書は2013年発行の『素敵にアレンジ　マスキングテープをもっと楽しむ本』の新版です。